ENTIENDE TU
Mente y Tu Cuerpo

Ansiedad

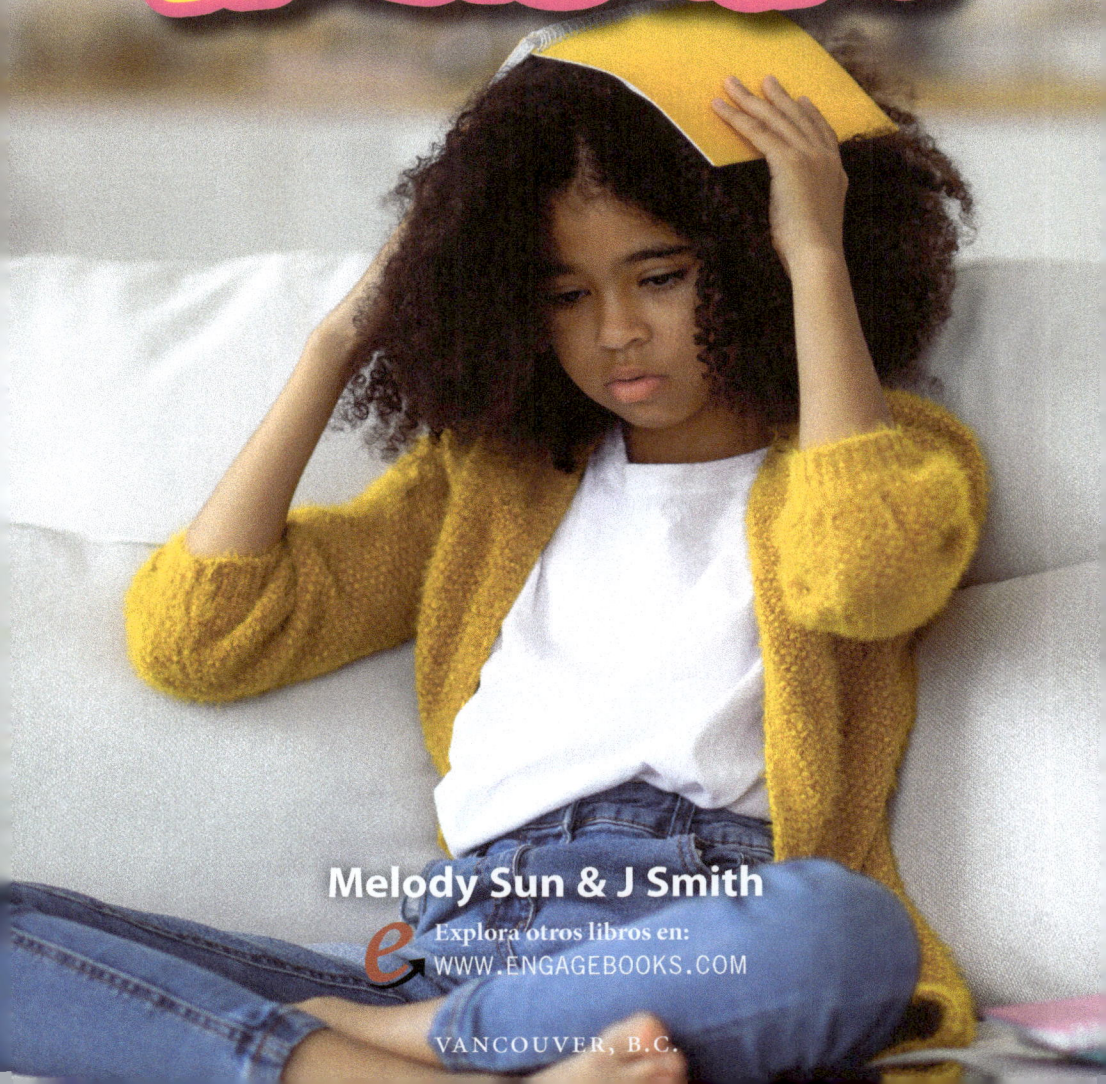

Melody Sun & J Smith

Explora otros libros en:
WWW.ENGAGEBOOKS.COM

VANCOUVER, B.C.

e www.ENGAGEBOOKS.COM

Ansiedad: Entiende Tu Mente y Tu Cuerpo
Sun, Melody 1994 -
Smith, J 1994 -
Texto © 2024 Engage Books
Diseño © 2024 Engage Books

Editado por: A.R. Roumanis, Melody Sun
y Sarah Harvey
Diseño por: Mandy Christiansen

Texto establecido en Montserrat Regular.
Títulos de capítulo establecidos en Hobgoblin.

PRIMERA EDICIÓN / PRIMERA IMPRESIÓN

Este libro no pretende reemplazar el consejo de un profesional médico ni ser una herramienta para el diagnóstico. Es una herramienta educativa para ayudar a los niños a entender por lo que ellos u otras personas están pasando.

Foto de Selena Gomez por Mikey Hennessy. Foto de Elliot Page por Elliot Page. Foto de Chris Evans por Gage Skidmore. Se ha hecho todo esfuerzo razonable para contactar a los titulares de derechos de autor de todo el material reproducido en este libro.

LIBRARY AND ARCHIVES CANADA CATALOGUING IN PUBLICATION

Title: Anxiety / Adelaide Wilder.
Names: Sun, Melody, 1994 - author, Smith, J, 1994 - author.
Description: Series statement: Understand your mind and body

Identifiers: Canadiana (print) 20230219896 | Canadiana (ebook) 2023021990x
ISBN 978-1-77476-772-6 (hardcover)
ISBN 978-1-77476-773-3 (softcover)
ISBN 978-1-77476-774-0 (epub)
ISBN 978-1-77476-775-7 (pdf)
ISBN 978-1-77878-106-3 (audio)

Subjects:
LCSH: Anxiety in children—Juvenile literature.
LCSH: Anxiety—Treatment—Juvenile literature.
LCSH: Anxiety—Juvenile literature.

Classification: LCC BF723.A5 W55 2023 | DDC J155.4/1246—DC23

This project has been made possible in part by the Government of Canada.

Canada

Índice

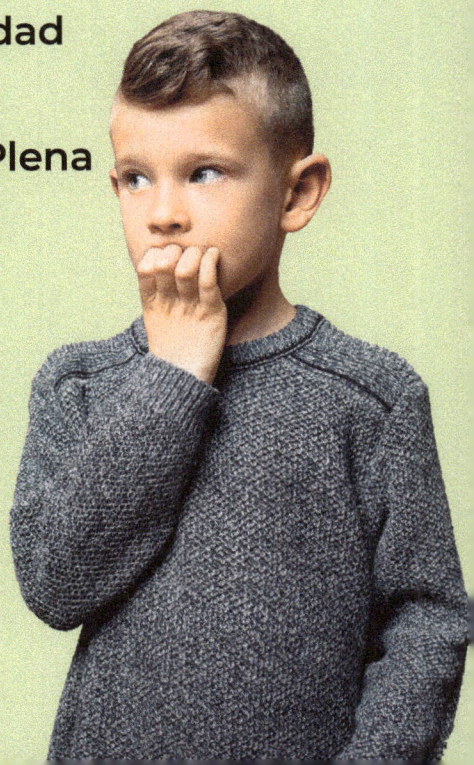

¿Qué es la Ansiedad?

La ansiedad es una intensa sensación de preocupación, miedo o pánico que es difícil de controlar. El **estrés** puede causar que las personas sientan ansiedad. A veces todos llegamos a sentir un poco de ansiedad.

PALABRA CLAVE

Estrés: cuando una persona se siente incómoda por algo que está sucediendo.

Algunas personas viven con ansiedad todo el tiempo. Cuando eso sucede, podría convertirse en un trastorno de ansiedad. Un trastorno de ansiedad es una **enfermedad mental** en la que sientes una preocupación extrema o constante.

Enfermedad mental: una enfermedad que afecta a la manera en cómo piensas, sientes y te comportas.

¿Qué Causa la Ansiedad?

La genética son rasgos que se heredan de un miembro de la familia a otro. Son una de las razones por las que algunas personas tienen ansiedad. Si el familiar de alguien tiene ansiedad, es más probable que dicha persona también la tenga.

Muchos eventos o experiencias también pueden causar ansiedad

- Estrés por el trabajo o la escuela
- Peleas con amigos o familiares
- Preocupaciones por el dinero
- Problemas de salud mental o física
- **Trauma**
- Efectos secundarios de los medicamentos
- Por alguna enfermedad

PALABRA CLAVE

Trauma: una reacción física o emocional a experiencias dañinas. Los efectos del trauma pueden permanecer en las personas durante mucho tiempo.

¿Cómo Afecta la Ansiedad A tu Cerebro?

La ansiedad afecta a tres partes del cerebro: al **tronco encefálico**, al **sistema límbico**, y al **lóbulo frontal**. El tronco encefálico mantiene vivo el cuerpo de una persona. El sistema límbico controla cómo uno se siente. El lóbulo frontal ayuda en el proceso de pensar.

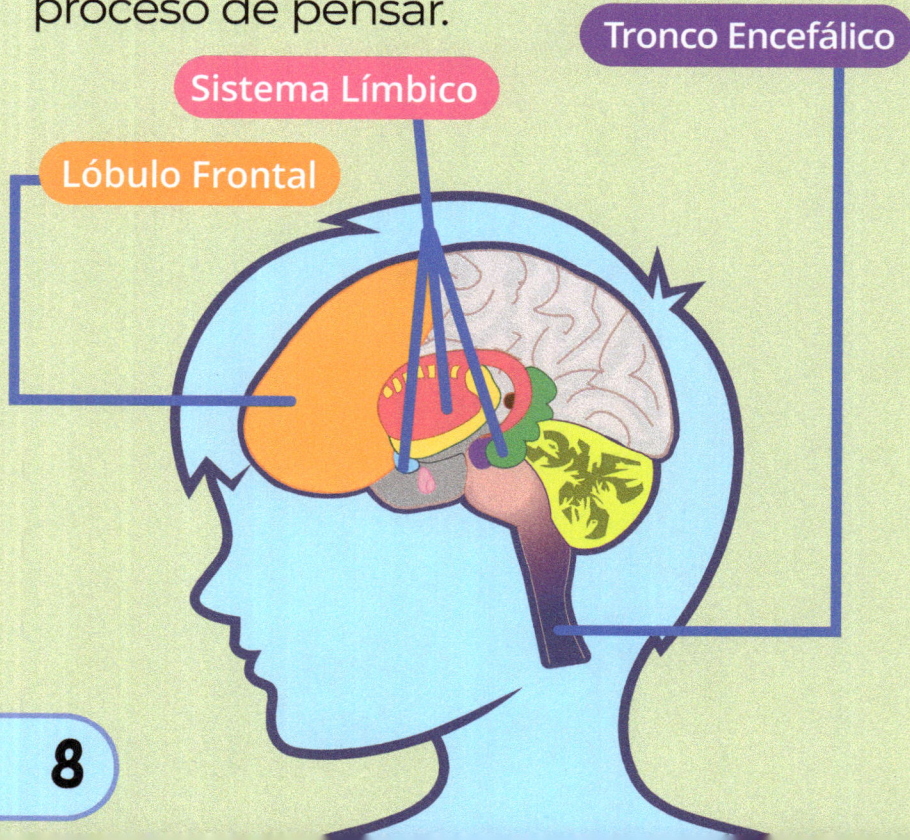

Tronco Encefálico

Sistema Límbico

Lóbulo Frontal

Cuando alguien está ansioso, puede sentirse confundido, enfadado o cansado todo el tiempo. Podrían estar llenos de miedo o preocupación. Eso hace que sea difícil pensar con claridad. Aprender cosas nuevas puede tomarles más tiempo.

¿Cómo Afecta La Ansiedad A tu Cuerpo?

Cuando alguien se siente ansioso, su cerebro ordena a su cuerpo que reaccione. Pueden sentir que sus manos se ponen sudorosas, que su corazón late rápido o sienten mariposas en el estómago. A esto se le llama una respuesta al estrés. Las respuestas al estrés están diseñadas para mantener a las personas seguras en situaciones peligrosas.

La respuesta al estrés es conocida en ocasiones como la respuesta de lucha, escape o congelación.

Algunas personas podrían sentirse mareadas o con dolores en el estómago cuando están realmente ansiosas. Sus corazones podrían latir más rápido. Podrían sentirse más en alerta. Algunas personas incluso podrían tener un **ataque de pánico**.

PALABRA CLAVE

Ataque de pánico: un momento repentino de intensa ansiedad. Sucede cuando el cuerpo cree que está en peligro incluso cuando no lo está.

Tipos de Trastornos de Ansiedad

Los trastornos de ansiedad se muestran de diferentes maneras. Algunas personas sienten un miedo extremo cuando ven un determinado objeto o cuando experimentan ciertas cosas. Esto se llama fobia.

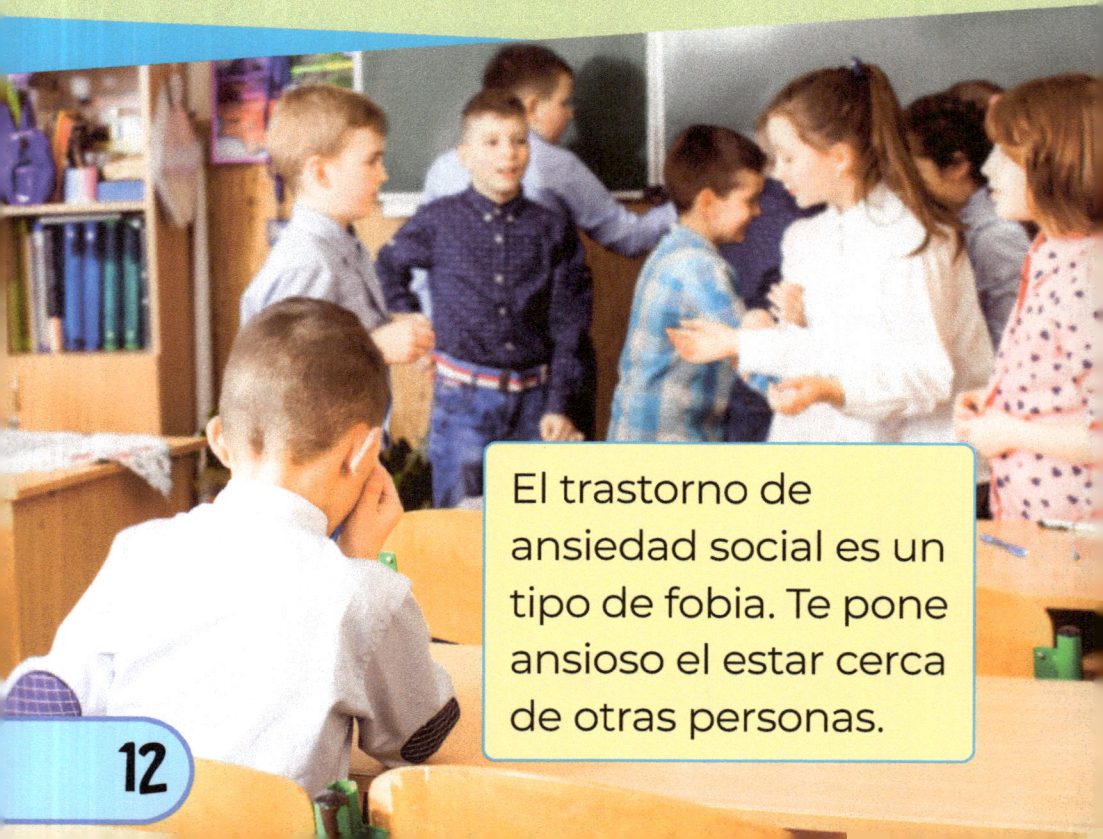

El trastorno de ansiedad social es un tipo de fobia. Te pone ansioso el estar cerca de otras personas.

Algunas personas se sienten muy ansiosas por los eventos y actividades cotidianas. Esto se llama trastorno de ansiedad generalizada. Puede pasarle a las personas con **depresión**.

PALABRA CLAVE

Depresión: una enfermedad mental que causa fuertes sentimientos de tristeza y falta de esperanza.

Alrededor del 10 por ciento de los niños experimentan un trastorno de ansiedad.

¿La Ansiedad Desaparece?

Una pequeña cantidad de ansiedad vendrá y se irá durante la vida de todos. Los trastornos de ansiedad son más difíciles de manejar. Si los trastornos de ansiedad no son tratados, pueden empeorar con el tiempo.

Los trastornos de ansiedad generalmente son tratados con **terapia** y medicina. Algunas personas se recuperan completamente con el pasar del tiempo. Otros pueden necesitar ayuda continua.

Terapia: trabajar con una persona entrenada para ayudar con problemas de salud mental.

Pedir Ayuda

Está bien pedir ayuda con la ansiedad. Otras personas pueden ayudarte a ver las cosas estresantes de una manera nueva. Intenta hablar con un adulto en quien confíes. Aquí hay algunas formas de iniciar la conversación.

"Me estoy desesperando y no sé por qué. ¿Puedes orientarme sobre esto?"

"Estoy muy estresado por la vida. Me está haciendo sentir agotado. Me gustaría hablar con alguien al respecto. ¿Puedes ayudar con eso?"

"Siempre me estoy preocupando por la escuela. Tengo miedo de ir a clase. ¿Puedes ayudarme a lidiar con eso?"

Cómo Ayudar A Otros Con Ansiedad

Si tienes a un amigo o familiar con ansiedad, hay algunas formas en las que puedes ayudar.

Habla con ellos

Pregúntales qué los pone ansiosos. Recuérdales a tus amigos que sentirse ansioso a veces es normal. Si es necesario, anímalos a hablar con un padre, profesor, médico o consejero escolar.

PALABRA CLAVE

Consejero: una persona que da consejos a los demás.

Usa distracciones

Distráelos señalando a las personas o cosas cercanas. Ayudarlos a centrarse en el presente puede reducir su ansiedad.

Estudiar trastornos de ansiedad

Lea más sobre los trastornos de ansiedad. Comparte lo que sabes sobre esta enfermedad mental con los que la están experimentando.

La Historia De La Ansiedad

La ansiedad ha tenido varios nombres a lo largo de la historia. En 1771, un médico francés llamado Boissier de Sauvages usó la palabra "panofobias" para describir algunos trastornos de ansiedad. La palabra "panofobia" significa miedo a todo.

La panofobia es de donde proviene la palabra "pánico".

Cuando la Guerra Civil Americana terminó en 1865, muchos soldados sufrieron de ataques de pánico y dificultad para respirar. En ese momento, algunas personas lo llamaban choque de proyectil. Ahora se llama **TEPT** o Trastorno de Estrés Postraumático.

PALABRA CLAVE

TEPT: un trastorno de ansiedad que puede ocurrir después de un evento impactante, aterrador o peligroso.

Superhéroes Con Ansiedad

Solía haber mucho estigma en torno a la ansiedad. Hoy en día, muchas personas hablan abiertamente sobre su ansiedad. Hablar de ansiedad hace que sea más fácil vivir con ella.

Selena Gómez es una actriz y cantante muy popular. Ella ha luchado con la ansiedad, la depresión y los ataques de pánico. Ella ayudó a iniciar WonderMind. Este grupo ayuda a eliminar el estigma acerca de los problemas de la salud mental.

Elliot Page es un actor muy reconocido. Page ha luchado contra la ansiedad extrema en torno a su identidad de género. Él es bastante abierto sobre las luchas con su salud mental.

PALABRA CLAVE

Identidad de género: el sentido interno de una persona de si es hombre, mujer u otra identidad.

Chris Evans es el actor que interpretó al Capitán América. Ha enfrentado mucha ansiedad en su vida. Al hablar al respecto, Evans está haciendo que sea aceptable para los hombres hablar sobre problemas de salud mental.

Consejo Número 1 Para La Ansiedad: Atención Plena (Mindfulness)

Atención plena (mindfulness) es ser consciente del momento presente y aceptarlo tal como es. Te ayuda a enfocar tu mente y reducir tu ansiedad. La **meditación** es una práctica común para ayudarte a mejorar tu atención plena.

PALABRA CLAVE

Meditación: un ejercicio mental para entrenar la atención y la conciencia.

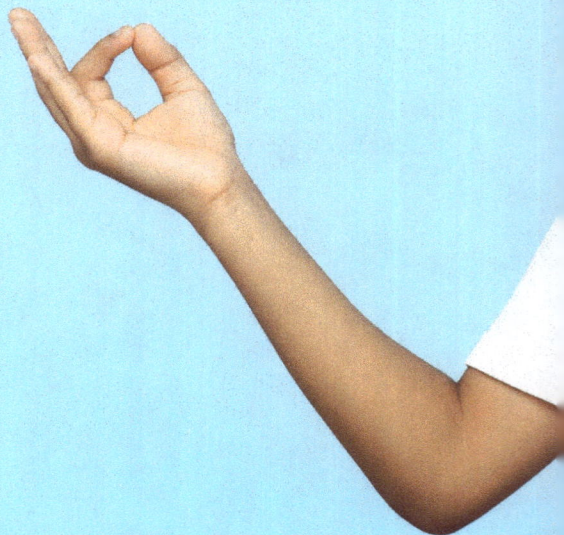

Respirar hondo es otra excelente manera de practicar la atención plena. Para intentarlo, inhala profundamente durante cuatro segundos. Mantén la respiración durante cuatro segundos. Luego exhala.

Consejo Número 2 Para La Ansiedad: Notar Los Desencadenantes

Cuando notes tu ansiedad, escribe lo que piensas en ese momento. Puede ayudarte a encontrar tu desencadenante. De esa manera, puedes encontrar formas de evitar que sucedan.

PALABRA CLAVE

Desencadenante: algo que te hace sentir ansioso.

Aquí hay algunos desencadenantes comunes:

1 Hablar delante de la clase

2 Pruebas y exámenes

3 Multitudes en la escuela

4 Ruidos y olores

5 Eventos sociales

6 Citas dentales

Consejo Número 3
Para La Ansiedad:
Detectar Pensamientos Falsos

Las personas con ansiedad a menudo luchan con pensamientos falsos. Eso significa que piensan y creen cosas malas sobre sí mismos y sobre los demás. Los pensamientos falsos hacen que sea difícil saber lo que es real.

Cuando estés ansioso, pregúntate si lo que estás pensando es cierto. Reemplaza los malos pensamientos por los buenos. También puedes usar un diario para hacer un seguimiento de tus pensamientos.

Cuestionario

Pon a prueba tu conocimiento sobre la ansiedad respondiendo a las siguientes preguntas. Las preguntas se basan en lo que has leído en este libro. Las respuestas están listadas en la parte inferior de la siguiente página.

1 ¿Qué es un trastorno de ansiedad?

2 ¿Cuáles tres partes de tu cerebro son afectadas por la ansiedad?

3 ¿Para qué se supone que sirven las respuestas al estrés?

4 ¿Qué es la depresión?

5 ¿Qué es la terapia?

6 ¿Cuál es una práctica común para ayudarte a mejorar tu atención plena?

Explora Otros Libros de Nivel 3

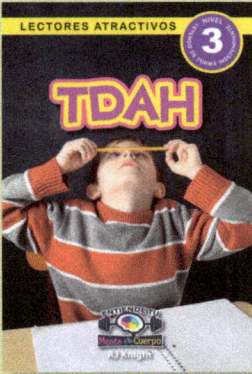

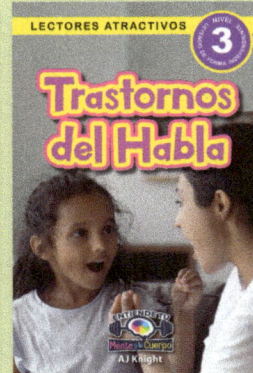

LECTORES ATRACTIVOS — NIVEL 3
TDAH
AJ Knight

LECTORES ATRACTIVOS — NIVEL 3
Ansiedad
Melony Sun & J Smith

LECTORES ATRACTIVOS — NIVEL 3
Asma
J Smith

LECTORES ATRACTIVOS — NIVEL 3
Diabetes
Kit Caudron-Robinson

LECTORES ATRACTIVOS — NIVEL 3
Dislexia
Alexis Roumanis

LECTORES ATRACTIVOS — NIVEL 3
Imagen Corporal
Ashley Lee & J Smith

LECTORES ATRACTIVOS — NIVEL 3
Obesidad
Kit Caudron-Robinson

LECTORES ATRACTIVOS — NIVEL 3
La Perte de Vision
Hannalora Leavitt y Sarah Harvey

LECTORES ATRACTIVOS — NIVEL 3
Trastornos del Habla
AJ Knight

Visita www.engagebooks.com/readers

Respuestas: 1. Una enfermedad mental en la que sientes una preocupación extrema o constante 2. El tronco encefálico, el sistema límbico y el lóbulo frontal 3. Mantener a las personas seguras en situaciones peligrosas 4. Una enfermedad mental que causa fuertes sentimientos de tristeza y falta de esperanza 5. Trabajar con una persona entrenada para ayudar con problemas de salud mental 6. Respirar profundamente

www.ingramcontent.com/pod-product-compliance
Lightning Source LLC
Chambersburg PA
CBHW051234020426
42331CB00016B/3365